KB096706

AI 아트 초보에서 수익화까지 도전! (레오나르도.AI 편)

초판 _ 2023년 4월 4일
지은이 _ AI 아트 매거진 (AI Art Magazine)
디자인 _ enbergen3@gmail.com

펴낸이 _ 한건희
펴낸곳 _ 부크크
출판등록 _ 2014.07.15.(제2014-16호)
주소 _ 서울특별시 금천구 가산디지털1로 119 SK트윈타워 A동 305호
전화 _ 1670-8316
이메일 _ info@bookk.co.kr
홈페이지 _ www.bookk.co.kr
ISBN _ 979-11-410-2151-1

값은 표지에 있습니다.

AI 아트 초보에서
수익화까지 도전!
(레오나르도.Ai 편)

CONTENTS

● Complete Tutorial for every Feature of **Leonardo.Ai**

INTRO

> "전방위 AI 시대, 지금 여기 우리의 선택은
> AI 아트 생성가/생산자/크리에이터로
> 보다 적극적으로, 선도적으로 대응하려 합니다!"

> "AI 특이점이 지나갔습니다.
> 이제 우리는 보다 적극적이어야 합니다!"

AI Artificial Intelligence [에이아이 - 아티피셜 인텔리전스] (인공지능) 기술의 발전이 인간의 지능을 초월하는 순간, 즉 AI 특이점이 이제 과거의 시점이 되었습니다. 인간의 지각과 판단에 견주어 **AI**를 평가하던 시대의 종말이 선언된 것입니다. 이제 우리는 **AI**와의 적극적인 공존과 생존을 도모해야 하는 데드라인에 서있습니다. 지체할 가드 범퍼가 더 이상 존재하지 않으며, 지금 이순간에도 저 멀리로 진화하며 가속화되고 있는 **AI**와 함께 달릴 방법을 대비/대응하기 위해 우리는 **AI** 아트에서 그 가능성을 찾아 함께 하려고 합니다.

"Push-Button Art의 역전!"

AI 아트를 Push-Button Art [푸시 버튼 아트] , '버튼만 누르면 뚝 떨어지는 아트'로 폄훼하던 비평가의 고성은 어느새 사라져버렸습니다. 현관문을 지나 들어온 초거대 AI 시대를 어떻게 바라봐야 할지는 이미 답이 나온 셈입니다. 버선발로 맞이하지 못했다면 먼저 흘려 보낸 기회에 대해 각성이 필요합니다. 마침내 우리는 AI 아트 생성 버스에 올라타려고 합니다.

"이제부터 우리는 AI 아트 크리에이터입니다."

전방위 AI 시대를 맞이하여 우리는 스스로 새로운 직업의 문을 열고, 전문인으로서의 학습을 시작하려고 합니다. 우리는 기꺼이 'AI Art Generator [에이아이 아트 제네레이터] (AI 아트 생성가), AI Artist [에이아이 아티스트] (AI 아트 예술가), Ai Art Expert [에이아이 아트 엑스퍼트] (AI 아트 전문가), Ai Art Creator [에이아이 아트 크리에이터] (AI 아트 크리에이터)'가 되려고 하며, 새로운 분야/장르/직종의 '생성자/작가/창작자/전문가'의 탄생을 외치고 달리려 합니다.

 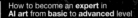 

"AI 아트 생성 플랫폼의 3대장과 초신성의 탄생!"

지난 몇 달 동안 **AI** 예술은 폭발적이었고 이전에 없었던 새로운 기능을 탑 재한 생성기가 매일 같이 등장하고 있습니다. 그동안 **AI** 아트 씬은 압도적 인 3대장의 시간이었습니다. 특정 화풍의 구현에 탁월하여 탑티어로 평가 되는 **Midjourney** [미드저니], 텍스트에는 다소 약하지만 사실주의와 전 통예술에 더 뛰어난 **DALL-E 2** [달리 투], 그리고 오픈소스이기 때문에 향 후 의욕적인 개발자들에 의해 더욱 정교한 도구로 발전하게 될 **Stable Diffusion** [스테이블 디퓨전]이 그것이었습니다. (Stable Diffusion AI는 -독일의 LMU 뮌헨의 CompVis 그룹에서 개발한- 심층 생성 신경 망의 일종인 **Latent Diffusion model** [레이턴트 디퓨전 모델] (잠재 확산 모델)을 이용하여 고해상도 이미지를 합성하는 딥러닝 인공지능 모델 입니다.)

이 막강한 시장에 새롭게 등장한 것이 **Stable Diffusion**의 **Web App** 버전이라고 할 수 있는 **Leonardo.Ai** [리오나도 닷 에이아이] (레오나르 도.AI)입니다. **Stable Diffusion AI**는 내 PC에 다운로드해서 설치하여 구동하는 방식의 애플리케이션이지만, **Leonardo.Ai**는 온라인 **Stable Diffusion** 플랫폼이라고 할 수 있습니다. **Stable Diffusion AI**의 설치 가 까다롭고 복잡하게 느껴졌던 사용자들에게 더 없이 훌륭한 대안입니다. 이러한 이유에서 **Leonardo.Ai**는 AI 아트 마켓에서 전에 없던 최신예 출 품작입니다.

"Leonardo.Ai는 사용자의 수익성을 생각합니다!"

선보인 지 불과 한 달여가 되지 않았음에도 가입자 폭주로 유입 제한을 진행하고 있는 Leonardo.Ai를 초신성으로 평가하는 이유는 지금까지 없었던 사용자 친화적인 인터페이스와 함께, 나 스스로 내 자신의 AI 아트 모델을 생성하는 기능을 탑재하고 있다는 것입니다. Leonardo.Ai는 마켓의 주류를 이루는 인물 사진 이외에 Game Assets [게임 에쎗] (게임용 : 아이템/배경/핼멧/건물/컨셉 아트)에 보다 더 특화되어 있어서, 개발사가 사용자의 수익성까지 담보하고 있다는 점이 대단한 매력으로 작용하고 있습니다. 때문에 혹자는 Leonardo.Ai를 1위 수성을 위협받고 있는 Midjourney의 '킬러'라고도 합니다.

Leonardo.Ai는 전에 없도록 사용자 친화적이고 직관적인 인터페이스를 통해 사용자가 신속하게 아이디어를 구상하고, 자신의 AI 모델을 트레이닝/학습시켜 고유의 자산으로 만들 수 있도록 돕고 있습니다. 몇 번의 클릭만으로 나만의 AI 모델을 트레이닝시키고 이를 이용하여 수천 가지 변형 작품을 생산할 수 있다는 강력한 매력을 가지고 찾아온 것이 바로 Leonardo.Ai입니다. 그러니까 한마디로 Leonardo.Ai는 '인물사진'은 기본이고 그 위에 '게임 아이템 디자인'까지 가능한 사용자의 보다 실질적인 자산 가치를 창출할 수 있는 도구라고 말할 수 있습니다.

How to become an **expert** in
AI art from basic to advanced level
AI 아트 초보에서 수익화까지 도전!   11

"Leonardo.Ai는 '텍스트 to 이미지' AI입니다."

우리가 원하는 그림을 단어/문장으로 입력하면 **Leonardo.Ai**는 이미지로 만들어 줍니다. 기본적으로 **Leonardo.Ai**는 매우 직관적인 인터페이스를 제공하고 있으며, **Leonardo.Ai**의 고유의 여러 기능 중 하나인 생성 모델의 사용자화는 우리가 원하는 스타일을 **Leonardo.Ai**에게 학습시켜 나만의 고유한 생성 모델을 개발할 수 있도록 하여 매우 인터렉티브한 경험을 제공합니다. 그래서 이 책은 **Leonardo.Ai**의 현재 사용 가능한 모든 기능의 사용방법과 완전한 자습방법을 소개하려고 합니다. 이 책은 가장 빠른 걸음으로 **Leonardo.Ai**의 주요 기능에 대한 철저한 개요를 제공하고, 우리 스스로가 **Leonardo.Ai**의 전문가가 될 수 있도록 이해를 도울 것입니다.

"우리는 AI와 함께 태동한 새로운 시각화 산업을 리드할 수 있는 기회를 얻게 되었습니다."

이제 우리는 웹 3.0 시대의 완전히 새로운 예술 시장의 서막을 AI 아트와 함께 열고 있습니다. AI 아트가 우리를 위해 일하는 환경을 구축하고, 'AI 아트 전문 크리에이터'로서 시작되고 있는 새로운 내일을 준비합시다.

- AI 아트 매거진 (AI Art Magazine) -

NOTICE

앞서 알려드립니다!

"Leonardo.Ai에서 사용하는 주요 용어와 개념은
'영한병기' (영문 [우리말 발음토] 해석)로 소개합니다."

Ai 아트 플랫폼은 기본적으로 영어로 되어있을 뿐만 아니라 한글화가 되어도 일부일 뿐, 주요 부분은 영어일 수밖에 없습니다. 더 나가서 우리의 작품을 판매할 플랫폼 또한 다르지 않기 때문에 영어 용어와 개념과 친숙해져야 합니다. (전문가가 되려면 더 말할 나위 없을 것입니다.) 처음 시작하실 때 영어로 알고 있다면 커뮤니티에서 영어 채팅에도 도움이 될 것입니다.

"우리의 첫 번째 수익화 도전, Feepik에서 시작합니다."

Leonardo.Ai는 현재 베타 버전으로 정식 알파판의 개발 중에 있습니다. 아직 서비스를 시작한지 그리 오래되지 않았기에 우리는 분명 선도자입니다. 먼저 시작한 우리의 수익화 도전은 대표적인 글로벌 이미지 스톡 회사인 **Freepik**에서 시작하려고 합니다. **Ai** 아트 크리에이터에게 호의적으로 기회를 개방하고 있기 때문에 훌륭한 선택이 될 것입니다. 이후 **istock-photo.com**, **Shutterstock** 등 경쟁사에도 우리의 작품을 판매할 수 있도록 방법과 노하우의 연구를 이어나갈 계획입니다.

PART 1.

Part 1. Leonardo.Ai 가입하는 방법!

"우리는 Ai 아트 크리에이터가 되려고 합니다.
그래서 Leonardo.Ai를 만나러 가는 가장 빠르고
정확한 길로 안내해 드리겠습니다!"

1) 'Leonardo.Ai'에 가입하는 방법!

● **Leonardo.Ai [리오나드 닷 에이아이]에 가입부터 합니다!**

가입하는 방법은 간단합니다. 다음의 순서를 그대로 따라 하면 됩니다.

기본적으로 Leonardo.Ai는 초대를 받아야 입장이 가능합니다. 이것을 **Whitelisting** [화이트리스팅] 단계라고 하고, 초대 되어 입장이 가능한 대상자를 **Whitelisted** [화이트리스티드]라고 합니다. 그래서 제일 먼저 홈페이지인 **https://leonardo.ai/**로 이동하여 초대받기 위한 등록을 진행합니다.

다음의 **QR** 코드 또는 링크로 이동합니다.

  **https://leonardo.ai**

① 다음처럼 홈페이지의 입력창에 이메일 주소를 입력하고 **Count Me In**을 클릭합니다. 그러면 잠시 후 **Welcome** (환영) 이메일이 도착합니다. (종종 스팸 메일로 처리되어 메일함에서 보이지 않는다고 하니 따로 확인이 필요합니다.) 이렇게 하고 나면 우리는 초기 베타 테스터 가입자인 **Early Access** (조기접속) 회원이 되는 것이고, **Invitation** (초대장)이 올 때까지 기다리면 됩니다.

Meet Leonardo.Ai

Create stunning game assets with AI.

Signup for exclusive early-bird access:

Email

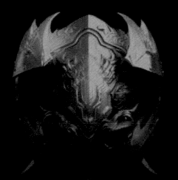

Welcome!

Thanks for signing up for Early Access. We have some great benefits in store for our early adopters:

- You'll be one of the first to gain access to the Leonardo.Ai production suite, which enables you to create content with ease.

- By joining our <u>Discord server</u> and introducing yourself, you'll get priority early access, and become a foundational member of the Leonardo.Ai community.

- Active members of our community will have additional benefits, such as sneak peaks, early access to upcoming features, and AMAs with the dev team.

- We'll be giving out free Pro tier access as a bonus for the most active contributors, as well as in regular contests.

Join us on Discord today and be a part of the Leonardo.Ai revolution!
==> <u>Click here to Join us on Discord</u>

— **The Leonardo.Ai Team**

② **Welcome** (환영) 이메일이 도착하면 접수가 정상적으로 되었다는 뜻입니다. 메일에는 Leonardo.Ai의 Discord [디스코드]에 가입을 요청하는 링크가 있으니 다음 절차를 위해 클릭하여 이동합니다. Discord에 가입하는 이유는 Leonardo.Ai는 이미지 생성기 역할을 하는 웹앱이고, 회원들의 커뮤니티 활동은 Discord라는 플랫폼의 Leonardo.Ai 서버에서 이루어지기 때문입니다. 모든 공지사항, 문의, 동호인 활동은 Discord의 Leonardo.Ai 서버에서 진행된다고 보면 됩니다.

 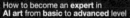

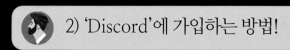

2) 'Discord'에 가입하는 방법!

● **Discord의 Leonardo.Ai 서버에 가입하는 방법입니다!**
우리가 Whitelist에 들어가는 절차가 진행되는 동안, 동호회로서의 Leo-nardo.Ai 커뮤니티를 미리 구경한다고 생각하면 좋을 것 같습니다.

방법은 간단합니다. 다음의 순서를 그대로 따라 하면 됩니다.

① Welcome (환영) 이메일의 ==> **Click here to Join us on Dis-cord** 링크를 클릭하면 위와 같은 페이지가 나옵니다. **Join DIscord** 버튼을 클릭합니다.

② Discord 플랫폼에 있는 **Leonardo.Ai** 서버에 초대를 수락합니다.

③ 다음부터는 서버 회원이 되기 위한 몇 가지 필수 질문에 답하면 됩니다.
(사용 목적, 관련 분야 등 참고 사항이기 때문에 부담 없이 체크하면 됩니다.)

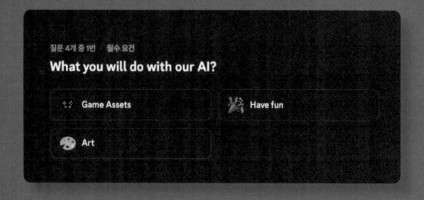

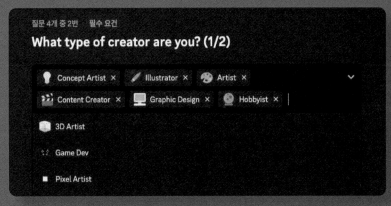

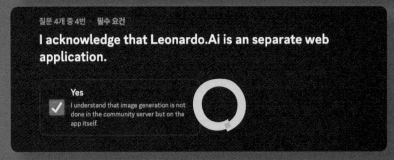

체크, 체크... 하고 다음으로 넘어가면 됩니다.
(4번째 질문은 이미지를 만드는 Leonardo.Ai 웹앱 페이지가 따로 있음을 알
겠다는 확인입니다.)

④ 드디어 **Discord**의 **Leonardo.Ai** 서버에 입성이 완료 되었습니다.

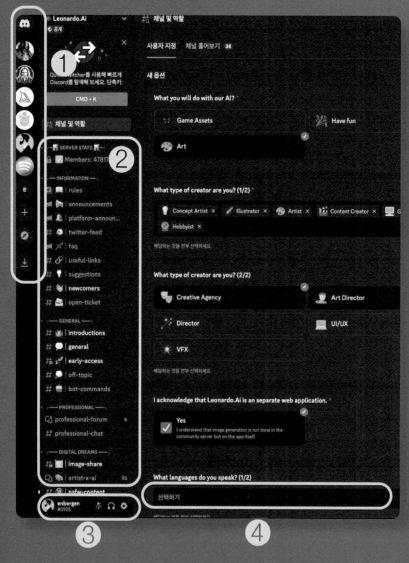

3) 'Discord' 살짝 살펴보기!

Discord의 Leonardo.Ai 서버의 채널/메뉴를 살펴 보겠습니다.

① **"서버 영역입니다."**
Discode 마크 아래 다양한 아이콘의 서버들이 보입니다.
게임이나 Spotify 같은 음악 서버를 추가할 수 있고,
동호회나 친목 서버를 만들어 추가할 수 있습니다.

② **"채널 영역입니다."**
서버의 하위 채널이며, 공지/신입회원을 위한 채널 등이 있습니다.
특별히 글로벌 채널에 '한국어'가 생겼습니다.
(저희는 여기에서 서로 생각을 나누고 공부하여 Ai Art Magazine (Mook 紙) 출간을 계획하고 있습니다. 말씀 남겨 주시면 인사드리겠습니다.)

③ **"사용자 정보 영역입니다."**
사용자 아이디와 식별 번호가 표시되며,
음성 채팅/헤드폰 사용/설정 아이콘이 있습니다.

④ **"입력창 영역입니다."**
Discode 명령어를 사용하여 작업을 진행할 수 있습니다.

참고적으로 (일시적이긴 하지만) 웹사이트를 통해 가입하고 **Whitelisted** 대기 상태라면, **early-access** 채널에서 관리자봇 **AyuGPT**의 안내 게시물의 **priority-early-access**라는 링크를 클릭하여 다시 등록하는 것을 고려해 보시기 바랍니다. 유동적이긴 하지만 바로 다음날 하루 만에 가입이 완료된 경험들이 있습니다.

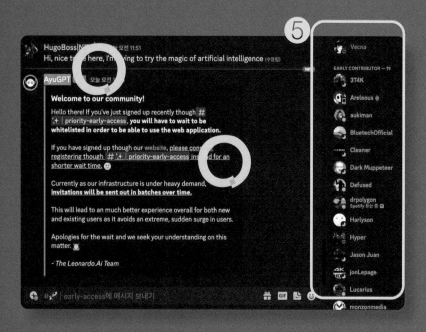

⑤ "접속자 정보 영역입니다."

사이트에 접속된 회원들의 상태 정보가 표시됩니다. 운영자/일반회원 등의 현재 접속 상태를 확인할 수 있으며, 아이콘을 클릭하면 상대에게 직접 메시지를 전할 수 있습니다.

4) 'Leonardo.Ai' 가입 성공!

Leonardo.Ai로부터 Hey, you're in! 이메일이 도착하면 이제 마지막 단계인 Whitelisted 확인용 몇 가지 질문지에 답하면 됩니다. (Discord 가입 여부/Discord에 자기소개 여부/사용자 이름 등) 이 부분을 확인하면 드디어! Leonardo.Ai 홈페이지 우상단의 Launch App 버튼을 누르고 입장하게 됩니다. 바야흐로 우리의 Leonardo.Ai 시대가 시작되는 것입니다.

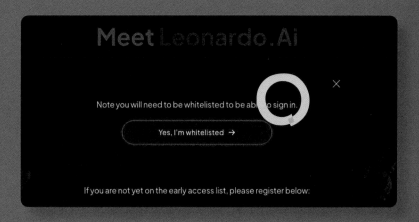

2023년 3월 현재상황: 신규 유저 대량 유입에 따라 초대장 발급의 중지/지연이 반복되고 있으며, 빠르면 48시간 안에 늦어도 매주 월요일에는 초대장 이메일이 발송 되고 있습니다. 정확한 날짜에 대한 안내가 어려운 상황이어서 승인이 올 때까지 기다려야 합니다. (최근 서버 확충을 예고한 상태로 상황은 유동적입니다.) (Image Generation (이미지 생성)과 Training (트레이닝), Ai Canvas (이미지 편집기) 섹션의 마이너한 버그도 지속적으로 수정/개선되고 있고, 새로운 기능의 탑재도 속속 진행되고 있습니다.)

잠깐만요! 혹시 '디스코드'에 대해 아시나요?

Discord는 게임할 때 음성채팅을 지원하는 채팅 애플리케이션으로 유명합니다. 게이머들에겐 이미 오래 전부터 친숙한 **Discord**이며, **Discord** 또한 인공지능 아트 생성기 **Midjourney**를 내놓기도 했습니다.

Discord: https://discord.com

원래 **Discord [디스코드]** (약칭: 디코)는 게이밍부터, 교육과 비즈니스 영역의 커뮤니티 생성을 목적으로 설계된 **VoIP** 응용 소프트웨어(인터 넷 프로토콜 기반 네트워크 소프트웨어 : 인스턴트 메신저)의 하나입니 다. 디스코드는 채팅 채널에 있는 유저 사이의 텍스트, 이미지, 비디오, 음 성 커뮤니케이션에 특화되어 있습니다. 디스코드는 마이크로소프트 윈 도우, **macOS**, 안드로이드, **iOS**, 리눅스, 웹 브라우저 등 거의 모든 환경 에서 실행될 수 있으며 2022년 최고의 SNS 플랫폼으로 선정되었습니다. (2022년 기준 전 세계 사용자 1억 5천만 명)

PART 2.

Part 2. Leonardo.Ai 훑어보기!

"Leonardo.Ai와 서둘러 친해지는 시간입니다.
Leonardo.Ai의 구조를 빠르게 확인해 봅시다!"

'Leonardo.Ai'의 기본 구성!

Leonardo.Ai

Start Here

⌂ Home   **홈 섹션**

Community Feed

Personal Feed   **피드 섹션**

Training & Datasets

Finetuned Models   **모델 섹션**

User Tools

AI Image Generation

AI Canvas (Beta)   **사용자 도구 섹션**

Settings

FAQ & Help   **기타 섹션**

● 우리는 Ai 아트 크리에이터라는 새로운 분야/직종에 도전하려 합니다. 때문에 Ai 아트 생성기에 익숙하면 할수록, 깊이 이해하면 할수록 전문가의 영역에 들 수 있을 것이라 생각합니다. 지금부터 Leonardo.Ai [리오나드 닷 에이아이]와 친하게 되는 시간을 만들어 보겠습니다.

Leonardo.Ai 웹앱에 들어가면 페이지가 열리면서 다음과 같은 모습을 만나게 됩니다. 기본적으로 왼쪽은 섹션들이 나열되어 있고, 오른쪽은 각 섹션이 구현 되어 실제 동작이 이루어지는 부분으로 구성되어 있습니다. 왼쪽의 섹션은 홈 버튼을 포함하여, Feed [피드] (콘텐츠가 올라오는 소식)와 Model [모델] 관련 그리고 User Tool [유저 툴] (사용자 도구) 섹션으로 구성되어 있습니다.

Home [홈] 섹션

Home 버튼을 클릭하면 우측창에 Featured Models [피쳐드 모델스] (추천 모델) (이하에서 설명)과 회원들의 최근 작품 활동을 볼 수 있는 Recent Creations [리센트 크리에이션] (최근 작품)이 있습니다. Featured Models는 Leonardo.Ai가 준비한 일종의 탬플릿 같은 것으로 이를 이용하여 우리의 이미지를 생성할 수 있습니다. Recent Creations에서는 회원들의 작품을 Trending [트랜딩] (유행), New [뉴] (최신), Top [탑] (인기) 순으로 정렬하여 볼 수 있으며, All [올] (전체), Upscaled [업스케일] (고해상 처리) 별로 볼 수 있고, 검색할 수 있게 되어 있습니다. 여기서 우리는 우리가 생성할 작품에 대한 영감을 얻을 수 있고, 마음에 드는 작품을 클릭하여 프롬프트를 포함하여 각각의 제원 정보를 얻을 수 있습니다.

② **Community Feed [커뮤니티 피드] 섹션**

E enBergen

Young woman

Prompt details

young woman, hyperdetailed photography, soft light, in the city, street, cover, centered,

🖊 Remix   📋 Copy Prompt   ⚙ Image2Image

Negative prompt:
naked, nude, tattoo, double, 2 heads, 2 faces, cropped image, out of frame, draft, deformed hands, signatures, twisted fingers, double image, long neck, malformed hands, multiple heads, extra limb, ugly, poorly drawn hands, missing limb, disfigured, cut-off, ugly, grain, low-res, Deformed, blurry, bad anatomy, disfigured, poorly drawn face, mutation, mutated, floating limbs, disconnected limbs, long body, disgusting, poorly drawn, mutilated, mangled, surreal, extra fingers, duplicate artefacts, morbid, gross proportions, missing arms, mutated hands, mutilated hands, cloned face, malformed

⛶ Creative Upscale   ⬇ Download   ↪ Share ···

Resolution	Created
× 832px	28/02/23 at 11:57 AM
Guidance Scale	Step Count
7	30
Sampler	Seed
Euler Discrete	827042028
Base Model	Init Strength
SD v1.5	No init image

Generate with this model

Finetuned Model
RPG 4.0   →

Related Images   View More →

Home 버튼 아래 있는 **Community Feed** 섹션은 회원들이 만든 이미지를 볼 수 있습니다. 마음에 드는 이미지를 클릭하면 상세정보를 얻을 수 있습니다. **Remix** [리믹스]는 이미지를 변경할 수 있고, **Copy Prompt** [카피 프롬프트] 는 프롬프트를 복사하여 사용할 수 있으며, **Image2image** [이미지투이미지] 는 해당 이미지에 추가로 프롬프트를 변형 적용할 수 있습니다. 해당 이미지를 **Download** [다운로드] 점 3개가 있는 메뉴를 누르면 **Edit in canvas** [에딧 인 캔버스]로 해당 이미지를 편집할 수도 있습니다. 아울러 이미지에 대한 상세 제원도 확인할 수 있으며, 이미지의 아이디와 같은 **seed** [시드] 번호도 알 수 있는데, **seed** 번호를 활용하여 동일한 제원으로 우리들의 이미지를 생성할 수 있습니다.

 Personal Feed [퍼스널 피드] 섹션

Personal Feed (개인 피드) 섹션은 우리 자신의 페이지입니다. **Your Generations** [유어 제너레이션스] (우리가 만든 작품들), **Followers Feed** [팔로워스 피드] (우리가 팔로우한 사람의 작품), **Liked Feed** [라이크드 피드] (좋아한다고 하트 이모티콘을 클릭한 작품)들이 정돈되어 있습니다. 현재 일반(표준) 사용자는 40단계, 768x768 해상도에서 하루에 최대 150장의 이미지 를 매일 생성할 수 있습니다.

④ Training & Datasets [트레이닝 앤 데이터셋] 섹션

Leonardo.Ai의 결정적 퍼포먼스 중에 하나는 **Training & Datasets** [트레이닝 앤 데이터셋] 섹션입니다. **Training & Datasets** 섹션은 우리가 원하는 특정의, 개인적 취향의, 특별한 목적의 모델을 우리 스스로 만들 수 있는 매우 매력적인 기능입니다. 여타 다른 **Ai** 아트 생성 서비스는 자체적으로 미리 만들어 놓은 모델을 사용하도록 하고 있지만, Leonardo.Ai는 우리 손으로 모델을 만들어 사용할 수 있도록 해주었습니다. 현재는 한 달에 10개의 트레이닝 데이터셋을 만들 수 있도록 허용되어 있습니다.

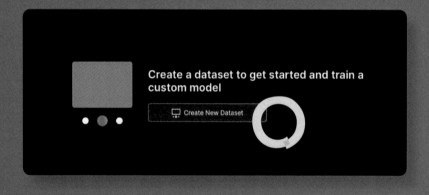

⑤ Ai Canvas [Ai 캔버스] 섹션

Leonardo.Ai의 또다른 초강력 툴인, **Ai Canvas** (Ai 캔버스) 섹션은 이미지를 편집할 수 있는 편집기입니다. 이미지의 내용을 수정/변형할 수 있는 인-페인팅과 그림의 상하좌우 경계면을 확장하여 그림을 확장시키거나 연결할 수 있는 아웃-페인팅, 그리고 병합이 가능한 (포토샵이 필요 없는) 즉석 편집기입니다.

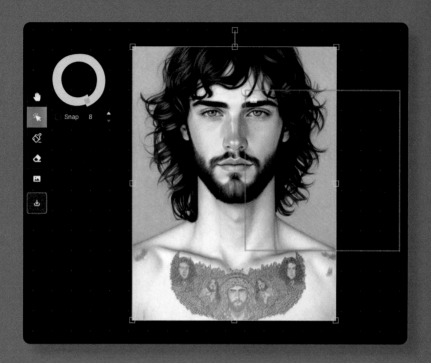

⑥ Ai Image Generation [Ai 이미지 제너레이션] 섹션

Ai Image Generation 섹션은 우리가 실제로 이미지를 만드는 곳입니다. 클릭하면 Ai Generation Tool [에이아이 제너레이션 툴] (생성 툴) 페이지가 열립니다. 왼쪽에는 세팅 메뉴들이 있고, 오른쪽은 프롬프트 창으로 구성되어 있습니다. 우측 Generate [제너레이트] (생성) 버튼 아래에는 하루에 생성할 수 있는 Token [토큰] 정보가 표시됩니다. 우리에게 매일 갱신 지급되는 150 token은 하루에 약 150개의 이미지를 생성/변환할 수 있는 사용량입니다. (인페이팅, 아웃페이팅 등의 작업도 각각의 토큰으로 차감됩니다.)

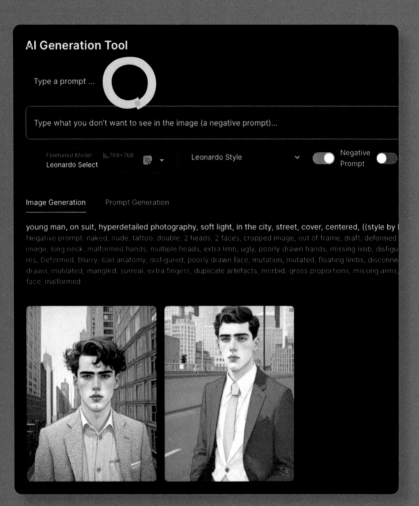

AI Generation Tool

Type a prompt ...

Type what you don't want to see in the image (a negative prompt)...

Finetuned Model	768*768	Leonardo Style	Negative Prompt
Leonardo Select			

Image Generation　　Prompt Generation

young man, on suit, hyperdetailed photography, soft light, in the city, street, cover, centered, ((style by
Negative prompt: naked, nude, tattoo, double, 2 heads, 2 faces, cropped image, out of frame, draft, deformed
image, long neck, malformed hands, multiple heads, extra limb, ugly, poorly drawn hands, missing limb, disfigu
res, Deformed, blurry, bad anatomy, disfigured, poorly drawn face, mutation, mutated, floating limbs, disconne
drawn, mutilated, mangled, surreal, extra fingers, duplicate artefacts, morbid, gross proportions, missing arms,
face, malformed

잠깐만요! 혹시 '디스코드 매너'를 아시나요?
Rules of the Leonardo.Ai Discord server.

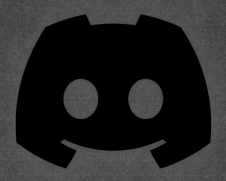

Leonardo.Ai Discord 서버에서 준수를 요청한 규칙이 있습니다. 간단히 요약하면 1) 사용자 간에 존중할 것, 2) 부적절한 언어 사용 금지, 3) 무분별한 DM 금지, 4) 광고 및 사기 행위 금지, 5) 포르노/성인물 관련 자료 생성 금지 등입니다. 이상을 위반할 경우, 경고 없이 강제 퇴출되며, 관리자에 의해 항상 모니터링 되고 있습니다.

기타 **Discord** 커뮤니티 사용지침은
https://discordapp.com/guidelines
에서 찾을 수 있습니다.

그리고 **Leonardo.Ai**에 대한 자세한 내용은 **faq**를 참조하면 됩니다.

PART 3.

Part 3. Ai 아트 이미지 생성하는 방법!

"Leonardo.Ai로 본격적으로 딥다이브 합니다!
Leonardo.Ai 전문가로 들어가는 단계입니다!"

1) 'Ai 이미지 생성' 방법 배우기!

"우리에게 당장 필요한 것은 이미지 생성 방법입니다!"

● **Ai Image Generation (Ai 이미지 생성) 섹션**

우리가 본격적으로 이미지를 생성하게 되는 곳, **Ai Image Generation** [에 이아이 이미지 제너레이션] **(Ai 이미지 생성)** 섹션의 구조는 좌측의 세팅 영역과 우측의 툴 영역으로 이루어져 있습니다.

● 좌측의 세팅 영역에서는 우리가 생성하게 될 이미지에 대한 옵션을 세팅할 수 있는 다음과 같은 메뉴들이 있습니다.

 Number of Images (이미지 생성 갯수)

Number of Images [넘버 오브 이미지스]에서는 우리가 한 번에 생성하게 될 이미지의 숫자를 정합니다. 타 경쟁사 생성기의 경우 보통 한 번에 최대 4장을 생성하지만, Leonardo.Ai는 (유료 버전의 경우) 한 번에 최대 8장까지 동시에 생성할 수 있습니다. 현존 가장 압도적인 퍼포먼스라고 할 수 있습니다.

TIP ▶ ▶ ▶ 생성 버튼을 클릭할 때마다 매일 지급되는 무료 포인트가 소모되기 때문에 우측의 **Generate** 버튼 아래에 있는 나의 잔여 **Token** [토큰] 포인트를 확인하면서 작업할 필요가 있습니다.

 Image Dimensions (이미지의 사이즈)

Image Dimensions [이미지 디멘션스]에서는 이미지의 가로 세로 사이즈를 지정할 수 있습니다. 3가지 방법으로 사이즈 지정이 가능합니다. 첫 번째, 사전에 설정된 4종의 사이즈를 선택하거나, 두 번째, **Width/Height** (가로/세로) 사이즈를 슬라이드로 조정하거나 픽셀값을 입력하는 방법, 세 번째는 토글 버튼을 클릭하여 가로 세로 비율을 선택하는 방법이 있습니다. (가로 세로 비율은 1:1, 16:9, 4:3 중에서 선택할 수 있습니다.)

TIP ▶ ▶ ▶ 우리가 생성한 이미지의 사용 용도에 맞춰 사이즈를 설정하고 생성

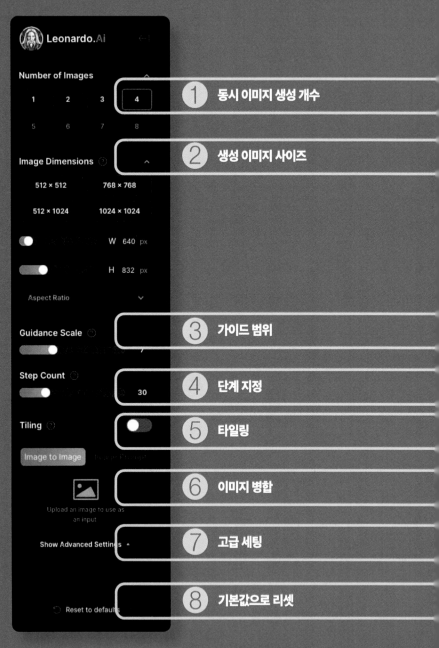

Leonardo.Ai

Number of Images

| 1 | 2 | 3 | 4 |
| 5 | 6 | 7 | 8 |

① 동시 이미지 생성 개수

Image Dimensions

② 생성 이미지 사이즈

512 × 512   768 × 768
512 × 1024   1024 × 1024

W 640 px
H 832 px

Aspect Ratio

Guidance Scale

③ 가이드 범위

Step Count   30

④ 단계 지정

Tiling

⑤ 타일링

Image to Image

⑥ 이미지 병합

Upload an image to use as an input

Show Advanced Settings

⑦ 고급 세팅

Reset to defaults

⑧ 기본값으로 리셋

하는 것이 좋습니다. 우리가 만든 이미지를 티셔츠/에코백에 인쇄해서 판매할 것인지, 이미지 스톡사에 판매할 것인지를 고려하는 것입니다. 이미지를 사고 파는 이미지 스톡에 판매할 경우 세로 버전은 4:5, 가로 버전은 3:4 비율이 가장 무난합니다.

③ Guidance Scale (가이드 범위)

Guidance Scale [가이던스 스케일]은 Ai가 프롬프트에 얼마나 근접하여 진행할지를 정하는 것입니다. 숫자가 낮을수록 프롬프트에 근접하며, 숫자가 높을수록 Ai의 상상력이 가중됩니다. (결과적으로 Ai에게 더 많은 자유를 주는 것이 됩니다.) 시작 단계에서는 낮은 범위에서 생성하면서 결과값을 내가 원하는 그림의 프롬프트에 근접시키는 것으로 연습하시면 좋습니다.

TIP ▶ ▶ ▶ Guidance Scale 일반적인 범위는 7에서 10 사이입니다.

④ Tiling (타일링)

Tiling [타일링]은 텍스처를 계속 반복할 때 사용할 수 있는 옵션입니다.

⑤ Scheduler (스케줄러 - 유료사용자 전용)

Step Count (단계 지정)을 할 수 있으며, Ai가 이미지를 생성할 때 몇 번이나 볼 것인가를 정하는 것입니다. 숫자가 클수록 생성하는데 더 많은 시간이 걸립니다. Leonardo Scheduler 사용을 권장합니다.

TIP ▶ ▶ ▶ 100을 기준으로 일반적으로 20에서 50 사이입니다.

Image to Image (이미지 병합)

Image to Image [이미지 투 이미지]는 내가 원하는 이미지를 이용하여 생성하거나, 프롬프트를 실행할 때 가이드로 사용될 수 있습니다. **PNG** 또는 **JPG** 파일에 한하며, 파일 크기는 최고 **5MG**까지 가능합니다.
TIP ▶ ▶ ▶ 버튼을 클릭하여 내 **PC**의 이미지를 업로드하거나 이미지를 드래그 앤 드롭하면 됩니다.

Show Advanced Settings (고급 세팅)

Show Advanced Settings [쇼 어드벤스드 세팅스]는 고급 설정을 표시하며, 기본적으로 수행하는 작업은 고정 시드와 고정 시드를 사용하는 스케줄러를 켜는 것입니다. 역삼각형의 토글 버튼을 누르면 세부 메뉴가 나타납니다.

Use fixed seed [유즈 픽스드 시드]는 시드를 고정적으로 사용하게 되며, 매번 생성할 이미지의 기준으로 사용합니다. 시드란 이미지의 주소와 같은 것입니다. 예를 들어 **Community Feed**에서 마음에 드는 이미지를 클릭하면 상세 정보를 볼 수 있습니다. 여기에서 우측 하단에 있는 시드 번호를 확인할 수 있는데, 이를 복사해서 입력창에 넣으면 시드 번호를 매번 고정적으로 사용할 수 있게 되는 것입니다.

TIP ▶ ▶ ▶ 현재 우리는 생성 방법을 연습하고, 우리의 좀 더 창의적인 이미지를 찾아가는 과정이기 때문에 **Use fixed seed**는 잠시 꺼두어도 좋겠습니다.

Scheduler (스케줄러)
Scheduler [스케줄러]는 토글 메뉴가 아래로 펼쳐지는데, 여기에서 모델을 선택할 수 있습니다. 생성할 이미지에 대한 안내 파일이라고 보면 됩니다. 일반적으로 Euler ancestral [오일러 앤시스트럴] 선택을 추천하지만 이미지에 따라 선택적으로 사용할 수 있기 때문에 경험과 함께 터득되는 부분입니다.

⑧ **Reset to defaults (기본값으로 재설정)**
Reset to defaults [디폴트 리셋] 모든 설정을 기본값으로 재설정 하는 버튼입니다.
TIP ▶ ▶ ▶ 좋은 작품을 만들었다면 해당 설정값을 스크린샷으로 보관해두면 좋습니다.

"구조를 정확히 이해하고 작동 방법을 제대로 익히면,
그대로 그것이 Ai 아트 크리에이터의
역량/실력이 되는 것입니다!"

● 우측의 **Ai Generation Tool** [에이아이 제너레이션 툴] (Ai 생성 도구) 영역은 사실상 이미지를 생성하는 곳입니다.

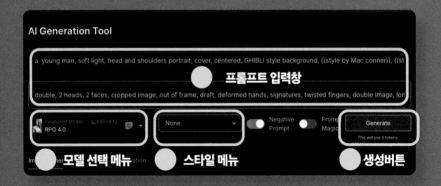

① **Prompt** (프롬프트)

제일 첫 줄의 메인 **Prompt** [프롬프트] 입력창입니다. **Prompt**는 우리가 생성하려고 하는 이미지를 텍스트로 표현하는 것입니다. 문장보다는 단어를 콤마로 구분하여 입력하면 됩니다. 직접 입력하거나 복사하여 입력해도 됩니다.

TIP ▶▶▶ 일반적으로 메인 컨셉은 **Prompt** 맨 앞에 표기하는 것이 좋으며, 좀 더 중요한 내용은 ( ) **curly bracket** [컬리 브라켓] (중괄호)을 사용하며, 중복으로 사용하여 가중치를 높힐 수 있습니다. ((( ))) 반면 [ ] **square bracket** [스퀘어 브라켓]은 상대적으로 덜 중요할 때 사용하며 중복사용으로 중요도를 낮출 수 있습니다. 괄호를 사용하면 해당 부분에 **Ai**가 좀 더 집중하게 됩니다.

② **Negative Prompt** (네가티브 프롬프트)

두 번째 줄은 **Negative Prompt** [네거티브 프롬프트]입니다.

생성 이미지에 포함시키지 않을 내용을 입력하는 곳입니다. **Negative Prompt**는 필요에 따라 아래에 있는 버튼을 **On/Off** 하면 됩니다.

TIP ▶▶▶ 좋은 이미지의 **Prompt**와 **Negative Prompt**는 메모장에 정리해 두는 것이 좋습니다. 동일한 **Prompt**여도 결과물이 매번 다르기 때문에 한번 할 때 충분히 작품을 만들어 내놓는 것도 좋습니다.

③ Model 선택 메뉴

목적에 따라 특정의 **Model** [모델]을 선택하여 적용할 수 있습니다. 역삼각형의 토글 아이콘을 누르면 드롭다운에 표시됩니다. 캐릭터, 초상화, 애니메이션, 게임 아이템 등 특화된 모델을 선택할 수 있습니다. 제일 하단의 **select custom model** [셀렉트 커스텀 모델]을 클릭하면 내가 미리 만들어 놓은 모델을 찾아서 선택할 수 있습니다. **platform model** [플랫폼 모델]은 검증된 추천 모델 중에서 골라서 적용할 수 있습니다. **community model** [커뮤니티 모델]은 회원들이 만들어 놓은 모델을 적용할 때 클릭하면 됩니다.

④ Style 선택 메뉴

Style [스타일]을 선택할 수 있는 메뉴입니다. 좀 더 예술적인 작품을 원한다면 **Leonardo** 모델을 선택하면 됩니다.

TIP ▶▶▶ 그렇지만 **Prompting** [프롬프팅] (프롬프트 작성)을 연습하는 단계라면 내가 원하는 결과물을 겨냥하여 어느 정도 예상 가능한 **noun** [넌] (없음)을 선택하면 됩니다.

⑤ **Prompt Magic 선택 메뉴**

Prompt Magic [프롬프트 매직]은 보다 더 **Ai**의 의도가 반영되는 장치입니다. 좀 더 상상력이 가미된 결과를 생성해 낸다고 보면 됩니다. 역시 초기 연습 단계의 우리는 잠시 꺼 놓아도 좋겠습니다.

⑥ **Generate 버튼**

Generate [제너레이트] (생성) 버튼은 제일 오른쪽에 있습니다. 모든 세팅과 입력이 끝나면 이제 이미지 생성을 개시하는 버튼입니다.

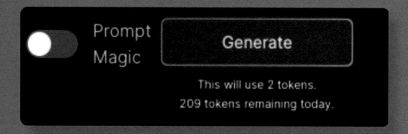

Generate 버튼 아래에는 나의 일일 무료 이미지 잔여 생성량을 표시하는 **Token [토큰]** 정보가 표시됩니다. 매일 **150 Token**이 지급되며 매일 갱신됩니다. (최근 정기구독 정책이 발표되어 상품 선택이 가능해졌습니다.)

⑦ **Images Generate (생성 이미지) 탭**
Images Generate [이미지 제너레이트] (생성 이미지) 탭 아래에는 우리가 이전에 생성한 모든 이미지가 표시됩니다.

⑧ Prompt Generation (프롬프트 생성) 탭

Prompt Generation [프롬프트 제너레이션]을 사용하면 간단한 프롬프트를 더욱 정교하고 세밀하게 만들 수 있습니다. 프롬프트 아이디어를 얻을 수 있는 장치입니다. 예를 들어 **"a car"**라고 입력하고 **Ideate**를 클릭하면 자동차에 대한 더 세세하고 다양한 콘셉트의 프롬프트가 자동으로 생성됩니다. **Leonardo.Ai**에는 프롬프트 생성기가 내장되어 있는 셈입니다.

TIP ▶▶▶ 지금까지 타사 메이저 생성기에서는 볼 수 없었던 비교 불가의 장점이라고 할 수 있습니다. 모든 회원은 매달 1천 개의 프롬프트를 생산할 수 있으며, 매달 생성 가능 횟수가 다시 리셋되는 방식으로 아끼지 말고 마음껏 사용하여 소진하면 됩니다.

생성하는 방법은 먼저 한 번에 **2/4/6/8/15/20/25개**를 동시에 생성할 수 있습니다. 숫자를 누르고 그 아래 프롬프트 창에 생성하고 싶은 이미지의 기본/중심 내용을 입력합니다. 그리고 **Ideate** 버튼을 클릭하면 아래에 원하는 숫자 만큼의 프롬프트가 동시에 생성됩니다.

TIP ▶▶▶ 한 번 생성된 프롬프트를 카피해서 프롬프트 창에 붙여 넣고 **Ideate** 버튼을 클릭하면 더욱 정교한 프롬프트를 기대할 수 있습니다. 이렇게 얻은 프롬프트를 페이지 상단 프롬프트 창에 복붙하여 **Generate** 버튼을 클릭하면 훌륭한 결과 이미지를 생성할 수 있습니다.

 ## 2) 'Ai 생성 이미지' 다루는 방법!

생성된 이미지를 다루는 옵션 메뉴들이 있습니다.
생성된 이미지에 마우스를 가져다 대면 다음과 같은 옵션 아이콘이 보입니다.

Image Download [이미지 다운로드] (이미지 다운로드),
Remove Unzoom [이미지 언줌] (이미지 확대/축소-회당 토큰 10개),
Remove Background [리무브 백그라운드] (배경 제거-일일 75회 한정),
Image Upscale [이미지 업스케일] (이미지 품질 향상-회당 토큰 10개),
Edit in Canvas [에딧 인 캔버스] (이미지 편집)
Delete Image [딜릿 이미지] (이미지 삭제)
(**Remove Unzoom** 또는 **Image Upscale**는 일일 15회로 한정.)

TIP ▶▶▶ 이 부분이 우리가 만든 이미지/작품이 상품화될 수 있게 되는 단계입니다. (포토샵 등으로 추가적인 보정 작업이 필요할 수도 있습니다.)

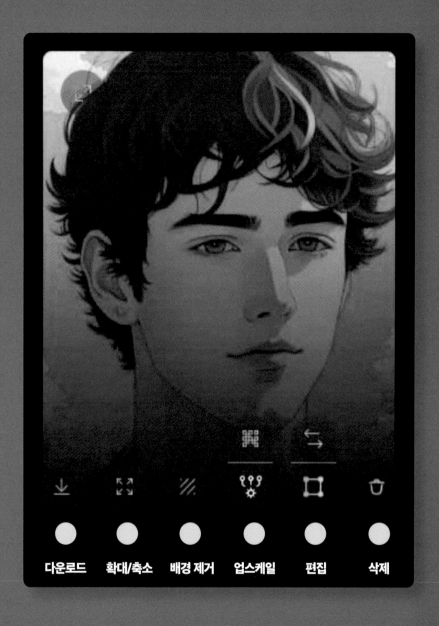

다운로드   확대/축소   배경 제거   업스케일   편집   삭제

3) 'Ai 이미지 생성' 1분 컷!

"가장 간단한 방법으로 신속하게 이미지를 만들어 봅시다!"

① **Ai Image Generation** [에이아이 이미지 제너레이션] (**Ai** 이미지 생성) 섹션을 클릭하여 들어 옵니다.

② 그러면 아래와 같은 **Ai Generation Tool** [에이아이 제너레이션 툴] (**Ai** 생성 도구)이 나옵니다. (좌측의 세팅은 기본값으로 나둡니다.)

③ 다음 가장 중요한 **Prompt** [프롬프트] 입력창에 원하는 내용을 입력합니다. 간단하게 **a woman**이라고만 해도 됩니다.

AI Generation Tool ②

(((bk and white))), ((coloring page)), white background

double, 2 hds, 2 faces, cropped image, out of frame, d

Finetuned Mode 640×832   None
Deliberate 11

How to become an **expert** in
AI art from basic to advanced level!   AI 아트 초보에서 수익화까지 도전!

④ 그림에서 빼고 싶은 내용을 두 번째 줄의 **Negative Prompt** [네거티브 프롬프트] 창에 입력합니다. (안경을 넣고 싶지 않으면, **glasses**를 넣으면 됩니다.)

⑤ 다음, 그 아래에서 생성하려는 이미지에 적용할 **Model** [모델]을 선택합니다.

⑥ 그리고 우측에 있는 **Generate** [제너레이트] (생성) 버튼을 클릭하여 이미지를 만들어 냅니다.

⑦ 이제 마지막으로 생성된 이미지 하단에 마우스를 가져다 놓으면 보이는 옵션 메뉴 중에서 가장 좌측, 맨 앞에 있는 **Image Download** [이미지 다운로드] 아이콘을 클릭하면 우리가 만든 이미지를 나의 **PC**에 저장할 수 있습니다.

stration, coloring page, a old woman, on the street, in LA

ed hands, signatures, twisted fingers, double image, lon

Negative Prompt   Prompt Magic   ⑥ Generate

This will use 2 tokens.
209 tokens remaining today.

4) 기본적인 프롬프트 작성 방법!

"좋은 프롬프트의 개발이 우리들의 Ai 아트 생성 능력의
결정적인 자산이 될 것입니다!"

● 좋은 프롬프트를 구축하는 것이 우리 같은 **Ai** 아트 크리에이터에게는 가장
중요한 능력이 될 것입니다. 좋은 프롬프트는 자세하고 구체적이어야 합니다. 이
상적인 방법은 키워드 카테고리 목록에 맞게 작성하는 것입니다. **Stable Dif-
fusion** [스테이블 디퓨전] 계열의 **Ai** 아트 생성기에서 공통적으로 적용되는 기
본적인 **Prompts** [프롬프트] 작성 방법이 있어서 이를 소개합니다. (우리가 사
용하고 있는 **Leonardo.Ai** 역시 **Stable Diffusion** 방식입니다.)

첫 번째로 중요한 것이 키워드의 '순서'입니다. 일반적으로 '주제 > 매재 > 스타일
> 아티스트 > 웹사이트 > 해상도 > 색상 > 조명'의 순서이며 필요에 따라 키워드
를 생략하면 됩니다. 모든 키워드를 표시할 필요는 없습니다.

이제 각각의 키워드(요소)에 대해서 간략히 알아 보겠습니다.
1) 주제는 반드시 필요합니다. 주제란 우리가 이미지에서 보고자 하는 중심적인
대상입니다. 2) 매재는 작품을 만드는데 사용되는 재료입니다. 예를 들면 유화,
수채화, 연필화, 펜화, 대리석, 사진 등이 있습니다. 매재는 하나의 키워드만으로
도 스타일을 극적으로 바꿀 수 있기 때문에 강력한 효과가 있습니다.

3) 스타일은 이미지의 예술적 스타일을 나타냅니다. 예를 들면 인상파, 초현실주의, 팝 아트 등의 미술사조가 될 수도 있고, 하이퍼리얼리즘, 판타지, SF 등의 장르를 표시할 수도 있습니다. 4) 아티스트 이름은 강력한 프롬프트입니다. 여러 아티스트 이름을 복합적으로 사용하여 스타일을 혼합하는 것이 일반적입니다. 5) 웹사이트는 Artstation 및 Deviant Art와 같은 그래픽 웹사이트를 참조하도록 하는 것입니다. 이렇게 하면 보다 더 트랜디한 스타일의 작품을 기대할 수 있습니다. (그밖의 '해상도/색상/조명'은 선택적으로 사용하면 됩니다.)

(참고적으로 키워드 작성 시 ( ) (중괄호)는 강조를 [ ] (꺽쇠괄호)는 상대적으로 덜 중요한 내용으로 구별됩니다.)

그리고 중요한 것이 Negative Prompt [네거티브 프롬프트] (부정적인 프롬프트)입니다. 예상하지 않았던 요소들이 임의로 포함되는 경우가 많아서 기본적으로 Negative Prompt를 표시합니다. 일반적인 Negative Prompt는 다음과 같습니다

ugly, tiling, poorly drawn hands, poorly drawn feet, poorly drawn face, out of frame, extra limbs, disfigured, deformed, body out of frame, bad anatomy, watermark, signature, cut off, low contrast, underexposed, overexposed, bad art, beginner, amateur, distorted face, blurry, draft, grainy

5) 베스트 프롬프트 모음!

● 고퀄리티의 프롬프트 모음을 소개합니다.
(**QR** 코드에서 복사하여 사용하실 수 있습니다.)
이하 프롬프트는 모델 선택항목 중에서
RPG 4.0 모델을 선택하여 사용하시면 됩니다.

a mystical tribal goddess adorned with feathers and gemstones and cables and synthesizer parts is surrounded by sacred geometry made from elven architecture, full body, gorgeous, perfect face, powerful, cinematic, beautifully lit, by artgerm, by karol bak, 3d, trending on artstation, octane render, 8k

molly millions, portrait of a beautiful cyberpunk woman, shoulder long hair, cyberpunk, street samurai, sunset, neuromancer, cyberpunk city background, megacity, gorgeous view, depth, high detail, digital art, painted by greg rutkowski, painted by seb mckinnon, trending on artstation

titanfall mech standing with its human pilot, dramatic lighting, illustration by greg rutkowski, yoji shinkawa, 8k, digital art, concept art, trending on artstation realistic car 3 d render sci - fi car and sci - fi robotic factory structure in the coronation of napoleon painting and digital billboard with point cloud in the middle, unreal engine 5, keyshot, octane, artstation trending, ultra high detail, ultra realistic, cinematic, 8 k, 1 6 k, in style of zaha hadid, in style of nanospace michael menzelincev, in style of lee souder, in plastic, dark atmosphere, tilt shift, depth of field

a comic potrait of a female necromamcer with big and cute eyes, fine - face, realistic shaded perfect face, fine details. night setting. very anime style. realistic shaded lighting poster by ilya kuvshinov katsuhiro, magali villeneuve, artgerm, jeremy lipkin and michael garmash, rob rey and kentaro miura style, trending on art station

a portrait of a cyborg in a golden suit, D&D sci-fi, artstation, concept art, highly detailed illustration

a full portrait of a beautiful post apocalyptic offworld nanotechnician, intricate, elegant, highly detailed, digital painting, artstation, concept art, smooth, sharp focus, illustration, art by Krenz Cushart and Artem Demura and alphonse mucha

beautiful victorian raven digital painting, art by artgerm and greg rutkowski, alphonse mucha, cgsociety winston in his armor from overwatch, character portrait, portrait, close up, concept art, intricate details, highly detailed by greg rutkowski, michael whelan and gustave dore

an immaculate render of a dancing chinese goddess adorned with leaves and cables and bird wings, dancing in a temple surrounded by wild tentacles made from mandalas and incense smoke, full body, perfect face, powerful, cinematic, beautifully lit, by artgerm, by karol bak, by android jones, 3 d, trending on artstation, octane render, 8k

nature landscape, aerial view, drone photography, cinematic, mountains and ocean, cinematic view, epic sky, detailed, concept art, high detail, warm lighting, volumetric, godrays, vivid, beautiful, trending on artstation, by jordan grimmer, art greg rutkowski

a gladiator in roman times, intricate, elegant, volumetric lighting, scenery, digital painting, highly detailed, artstation, sharp focus, illustration, concept art,ruan jia, steve mccurry

modern city, Parisian buildings, billboards, advertisements, small buildings, dark, matte painting, concept art, digital painting, style of Ian Hubert, warm lighting, futuristic, volumetric lighting, street view, daytime, godrays , high detail, no sky scrapers

molly millions, portrait of a beautiful cyberpunk woman, shoulder long hair, cyberpunk, street samurai, sunset, neuromancer, cyberpunk city background, megacity, gorgeous view, depth, high detail, digital art, painted by greg rutkowski, painted by seb mckinnon, trending on artstation titanfall mech standing with its human pilot, dramatic lighting, illustration by greg rutkowski, yoji shinkawa, 8k, digital art, concept art, trending on artstation a full portrait of a beautiful post apocalyptic offworld nano-technician, intricate, elegant, highly detailed, digital painting, artstation, concept art, smooth, sharp focus, illustration, art by Krenz Cushart and Artem Demura and alphonse mucha

PART 4.

Part 4. Ai 아트 이미지 편집하는 방법!

"Leonardo.Ai는 별도의 외부 프로그램의 도움 없이 자체적
으로 이미지 편집이 가능합니다. 심지어 Ai 기술적으로!"

How to become an **expert** in
AI art from **basic** to **advanced** level

AI 아트 초보에서 수익화까지 도전!

'Ai Canvas'로 편집하는 방법!

"우리는 Ai Canvas (Ai 캔버스)로 즉석에서
이미지를 편집할 수 있습니다!"

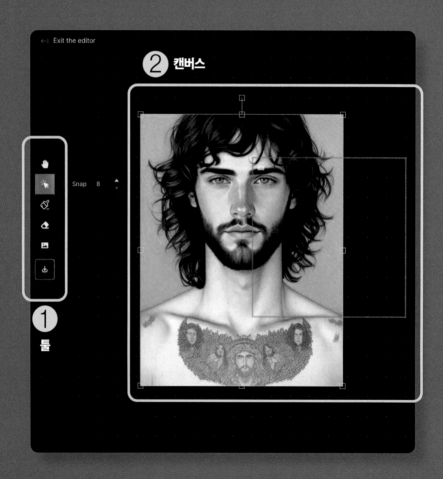

● Ai Canvas (Ai 캔버스) 섹션

Ai Canvas [에이아이 캔버스] Ai 캔버스는 Leonardo.Ai 자체에 내장된 이미지 편집기입니다. 일반적인 편집기가 아니고 무려 Ai 편집기라는 것이며, 경쟁사와 비교해 매우 강력한 서비스라고 할 수 있습니다. Ai 이미지 편집기란 이미지의 내용을 원하는 내용으로 채우고, 이미지의 경계면을 확대하거나, 두 개의 이미지 사이를 매끄럽게 연결하는 능력을 가지고 있습니다.

사용법은 간단합니다. 좌측의 툴 아이콘부터 소개하겠습니다.

 Pan [팬] 툴은 이미지를 이동, 위치를 조정할 때 사용합니다.

Select [셀렉트] 툴은 편집할 위치를 선택/지정할 때 사용합니다. 예를 들어 이미지의 상단 머리 부분을 제대로 보이게 하려면 사각형 박스를 머리 위로 이동하여 위치시키고 Snap 앞에 있는 사각형을 체크하고, 하단의 Generate 버튼을 클릭하면 빈 공간이 그림으로 채워져 전체 그림의 크기가 확장됩니다. 확장된 부분의 이미지는 4가지가 준비되며, 마음에 드는 것으로 골라 Accept 버튼을 클릭하면 됩니다. 선택 박스는 원본 이미지와 3/4 정도 겹치는 위치에 두는 것이 예상 가능한 결과물에 가깝게 생성됩니다. 이렇게 이미지의 바깥 쪽으로 경계를 확장해 나갈 수 있는 기능을 Out-painting [아웃-페인팅] 기능이라고 말합니다. 우리는 이제부터 모든 이미지의 경계면을 확장하거나 생략된 부분, 가려진 부분을 확장할 수 있게 되었습니다.

Select 툴 - 아웃페인팅

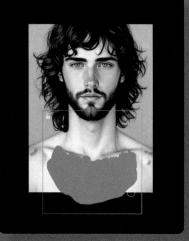

Draw Mask 툴 - 인페인팅

Draw Mask [드로우 마스크] 툴은 이미지의 내용을 수정할 때 사용합니다. 이를 **In-painting** [인-페인팅] 기능이라고 말합니다. 예를 들어 **Draw Mask** 툴로 사진 위에 문신 부분을 칠하면 새로운 문신으로 바꿀 수 있습니다. **Draw Mask** 브러시로 표시하고 하단 **Prompt** 창에 원하는 내용을 입력하고 (new tatoo), **Generate** 버튼을 클릭하면 됩니다. (브러시의 크기는 아이콘 옆의 슬라이더로 조정할 수 있습니다.) 그러면 결과물 4가지 중 선택할 수 있는 옵션이 나오며 원하는 것으로 **Accept** 버튼을 클릭하면 됩니다.

Erase [이레이즈] 툴은 요소를 지울 때 사용합니다.

이미지 병합

이미지의 특정 부분을 지울 수 있고, 경계면을 지우고, 두 장의 이미지를 연결할 수도 있습니다. 그림과 그림 사이에 사각형 박스를 위치시키고 **Generate** 버튼을 클릭하면 빈 공간이 자연스럽게 채워져 연결됩니다. 이미지를 병합할 때 유용한 툴입니다.

Upload Image [업로드 이미지] (이미지 업로드) 아이콘을 누르면 **From a computer** (내 PC에서), **From previous generations** (이전에 생성한 이미지에서), **From the community** (커뮤니티에서) 이미지를 가져올 수 있습니다. 폴더를 열어 불러올 수도 있고, 간단하게 드래그 앤 드롭으로 넣을 수도 있습니다. 한 장 이상의 이미지를 한꺼번에 넣을 수도 있습니다. 가급적이면 동일 해상도의 파일을 넣는 것이 작업하기 용이합니다.

커뮤니티 피드에서 가져오기

Community [커뮤니티]에서 가져올 경우, 원하는 이미지를 클릭하면 상세정보 팝업창이 뜨는데 여기에서 이미지 아래 '3개의 점'으로 된 버튼을 클릭하면 **Edit in Canvas**라는 버튼이 보이고 이것을 클릭하면 해당 이미지를 이미지 편집 캔버스로 불러올 수 있습니다.

Download Artwork [다운로드 아트웍]은 나의 **PC**로 작업물을 다운로드할 수 있습니다. 그리고 다시 홈페이지로 나가려면 좌상단의 **Exit the editor** [엑싯 더 에디터] 아이콘을 클릭하면 됩니다.

RPG 40, a man, nice perfect face, concept art, portrait, style by greg rutkowski, by seb mckinnon, by yoji shinkawa, digital art, trending on artstation, 4k

PART 5.

Part 5. '나의 Ai 모델' 만드는 방법!

"Leonardo.Ai는 우리가 직접 모델을 만들 수 있습니다!
내가 트레이닝을 시키고, 나의 데이터셋을 만듭니다!"

1) '나의 모델/데이터셋' 만드는 방법!

"Leonardo.Ai는 원하는 모델을
내가 직접 만들어 사용할 수 있습니다!"

● **Training & Datasets** [트레이닝 앤 데이터셋] 섹션에서는 내가 원하는 모델을 직접 만들어 사용할 수 있습니다. 타 경쟁사 대비 **Leonardo.Ai**의 또 다른 결정적 퍼포먼스인 **Training & Datasets** [트레이닝 앤 데이터셋]은 우리가 원하는 특정의, 개인적 취향의, 특별한 목적의 모델을 만드는데 매우 유용한 기능입니다. 우리가 만들 수 있는 모델은 한 달에 최대 10개입니다.
(무료 사용자 일일 모델 생성 횟수는 1회입니다.)

● 만드는 방법은 간단합니다.

Training & Datasets > New Dataset [뉴 데이터셋] 버튼을 클릭합니다.
그러면 팝업창이 나오는데 각각의 정보를 입력하면 됩니다. **Dataset**의 이름을
입력하고, 만들려는 **Dataset**에 대한 간단한 설명을 넣습니다. 그리고 하단의
Create Dataset [크리에잇 데이터셋] (데이터세트 생성) 버튼을 클릭합니다.

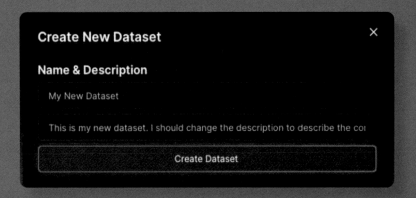

그러면 다음과 같은 데이터 세트를 트레이닝할 수 있는 페이지가 열립니다.
여기에 트레이닝(학습)시킬 이미지를 불러오기 또는 드래그 앤 드롭으로 업로드
하면 됩니다. 이미지는 최대 30장까지 업로드가 가능하지만 8~10장 정도만으
로도 트레이닝이 가능합니다.

업로드할 이미지는 공통의 속성과 동일한 스타일, 즉 일관성을 가지고 있는 것들이 좋습니다. (크기, 파일 형태, 사이즈 등) 내가 만들고 싶은 모델이, 인물/애니메이션 등 일반적인 내용이라면 아래에 있는 **Community Feed** [커뮤니티 피드]에서 이미지를 추가하거나, 우리가 이미 만들어 놓은 **Personal Feed** [퍼스널 피드]에서 선택하여 추가할 수 있습니다. 트레이닝 시킬 이미지들이 모두 업로드 되었다면 제일 오른쪽의 **Train Model** [트레인 마들] 버튼을 클릭합니다.

그러면 **Train Model**에 대한 상세정보 팝업창이 뜹니다. 여기에 **Model Name** [마들 네임] (모델명), **Model Description** [마들 디스크립션] (모델에 대한 설명), **Training Resolution** [트레이닝 레솔루션] (트레이닝 해상도)을 정하고, **Base Model** [베이스 마들] (기본 모델)의 버전을 지정합니다. **Stable Diffusion 1.5** 또는 **2.1**을 선택할 수 있으며, 보다 더 현실감 있게 구현되는 버전은 **2.1**입니다. 그리고 **Category** [캐러고리] (범주)를 지정합니다. 내가 만들려는 모델이 어떤 장르인지를 정하는 것입니다. **Instance Prompt** [인스턴스 프롬프트]에는 간단하게 대변될 수 있는 프롬프트 몇 가지를 넣으면 됩니다. 그리고 나서 끝으로 **Start Training** 버튼을 누르면 **Training** (학습)이 시작됩니다.

Training이 완료 되려면 일정 시간이 소요됩니다. (소요 시간이 길어질 경우에는 완성 후 이메일로 결과를 알려주기도 합니다.) 결과는 상단 메뉴의 **Job Status** [잡 스테이터스] 탭을 클릭하면 진행 상태를 확인할 수 있습니다.

Training & Datasets

Your Datasets   Edit Dataset   Job Status

Q Search Jobs

Dataset	Job Name	Instance Prompt	Category	Strength	Base Model	Status
SSE0-G-M	Training: SSEO-G-M	a man	General	Medium	v1.5	✓ Done
SSEO-G-W	Training: SSEO-G-W	a woman	General	Medium	v1.5	✓ Done
	Training: SSEO-G-W-001	a woman	Characters	Medium	v1.5	⚠ Failed

2) '나의 모델/데이터셋' 사용법!

"내가 만든 모델로 나의 이미지를 양산합니다!"

이제 드디어 우리 손으로 만든 Dataset을 실제로 사용할 수 있게 되었습니다.

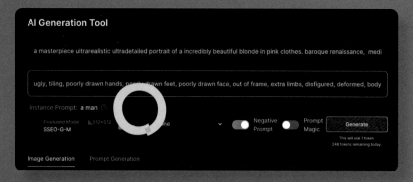

Ai Image Generation [에이아이 이미지 제너레이션] (Ai 이미지 생성) 섹션으로 가서 이제 본격적으로 나의 모델로 이미지를 생성해 보겠습니다. 먼저 Prompt [프롬프트] 입력창에 원하는 내용을 입력합니다. 간단하게 핵심만 입력해도 됩니다. 그리고 아랫줄에 Negative Prompt [네거티브 프롬프트] 창도 간간히 넣습니다. 다음이 중요합니다. 적용할 Model [모델]을 선택합니다. 선택할 수 있는 모델들이 풀다운 메뉴에 표시됩니다. 여기에서 우리가 만든 모델명을 선택합니다. 그리고 우측에 있는 Generate [제너레이트] (생성) 버튼을 클릭하면 이미지가 생성됩니다. 생성된 이미지 하단 맨 앞에 있는 Image Download [이미지 다운로드] 아이콘을 클릭하여 이미지를 나의 PC에 저장하면 됩니다.

"내가 만든 데이터셋이 곧 나의 Ai 아트 자산입니다!"

PART 6.

How to become an **expert** in
AI art from **basic** to **advanced** level

AI 아트 초보에서 수익화까지 도전!

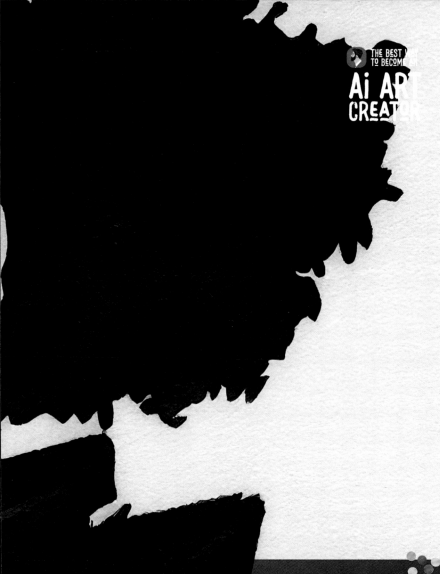

Part 6. Ai 아트 챌린지 베스트 10!

"Leonardo.Ai로 본격적으로 딥다이브 합니다!
마침내 Leonardo.Ai 전문가로 들어가는 단계입니다!"

'장르별 이미지 생성 챌린지 10!

"Ai 아트 크리에이터로
우리의 역량을 자랑하는 시간입니다!"

우리들의 실력을 확인하는 단계입니다.
대표적인 장르의 작품을 만들 때 프롬프트에 반드시 포함해야 하는
'핵심 키워드'와 함께 살펴 보겠습니다.
다음의 10가지 장르에 능숙하다면 우리는 이제 전문가입니다.

❶ 초상화/인물화, ❷ 애니메이션 캐릭터, ❸ 게임 아이템,
❹ 페이퍼 아트, ❺ 컬러링북, ❻ 그림책(동화책),
❼ 인포그라픽스, ❽ 아이소메트릭, ❾ 게임 캐릭터,
❿ 스티커 디자인 등 이상 9가지의 예제와 함께
핵심 키워드를 정리해 보겠습니다.

❶ 초상화/인물화

KEYWORD :
portrait, head and shoulders portrait, cover, centered, soft light

② 애니메이션 캐릭터

KEYWORD :
character, characterset, digital illustration, illustration, comic style

❸ 게임 아이템
KEYWORD :
game item, game item sheet, game assets

How to become an **expert** in
AI art from **basic** to **advanced** level
AI 아트 초보에서 수익화까지 도전!
83

④ 페이퍼 아트

KEYWORD :

paper art, paper cut, paper art style illustration, colorful,
pastel color theme

⑤ 컬러링북

KEYWORD :
coloring book, coloring page, black and white, flawless line art, black outline, no background

How to become an **expert** in
AI art from **basic** to **advanced** level · AI 아트 초보에서 수익화까지 도전!

85

⑥ 그림책/동화책

KEYWORD :
children's book, children's book illustration, soft natural
volumetric cartoonish light, drawing, pixar style illustration

86

❼ 인포그래픽스

KEYWORD :
infographics, infographic style, info, data charts, numbers,
documents and maps, text and notes

How to become an **expert** in
AI art from **basic** to **advanced** level

⑧ 아이소메트릭

KEYWORD :
isometric, 3d render, isometric view, volumetric lightning

⑨ 게임 캐릭터

KEYWORD :
game character, video game character, different poses, different emotions, full body, a character from game scene

⑩ 스티커

KEYWORD :

sticker, sticker design, cinematic lighting

"좋은 프롬프트를 찾는 것,
내가 만든 이미지의 품질을 따지는 안목,
이것이 바로 우리들,
Ai 아트 크리에이터의 으뜸 덕목입니다!"

PART 7.

THE BEST WAY
TO BECOME AN
**Ai ART
CREATOR**

Part 7. Ai 아트 수익화하는 방법!

"Leonardo.Ai 아트로 수익화에 도전합니다!
우리들, Ai 크리에이터 포로가 되는 단계입니다!"

'Freepik 판매자' 등록하는 방법!

"Ai 아트 크리에이터로서 우리 작품의
수익화에 도전합시다!"

● 드디어 우리가 생성한 **Ai** 아트 작품을 판매하여 수익화를 실현하는 단계입니다. 실제로 **Ai** 아트 작품을 판매할 수 있는 플랫폼은 매우 다양합니다만, 본편에서는 **Freepik** [프리픽] 이미지 스톡 플랫폼을 소개하고 이곳에서 우리의 작품을 판매하고 수익화를 도모하려고 합니다. 굳이 **Freepik**인 이유는 필자가 수년간 **Freepik**의 연간 구독자로서 사용자 편의성을 확인하였고, 필자 스스로 **Freepik**에서 **Ai** 아트 작품을 구매하고 있기 때문입니다. 특별히 **Freepik Contributor** [컨트리뷰터] (기여자/판매자)로 활동하면 다양한 이점이 있습니다. **Freepik**과 **Flaticon** [플랫티콘]은 전 세계의 사용자들이 이용하는 플랫폼이어서 우리의 작품들이 수백만 명의 사용자들에게 노출될 수 있습니다. 또한 **Freepik**의 추천 프로그램을 통해 새로운 사용자를 추천하여 추가 수익을 창출할 수도 있습니다. 이와 함께 **Freepik**은 **Ai** 아트 크리에이터를 **Contributor** [컨트리뷰터] (기여자/판매자)로 적극적으로 유치하고 있습니다.
(**Freepik**의 경쟁사로는 istockphoto.com, dreamstime.com, Shutterstock 등이 있습니다.)

❶ **Freepik Contributor**로 가입하려면, 먼저 **Freepik** 웹사이트에서 **Sign in** [사인 인](회원가입 - 무료)을 하면 됩니다. **Gmail** 계정이 있다면 간편 가입이 가능합니다.
https://www.freepik.com

All the assets you need, in one place

Find and download the best high-quality photos, designs, and mockups

| Assets ▾ | Search all assets | 🔍 |

🔍 Text effect   🔍 Arrow   🔍 Font

Vectors   Illustrations   Mockups   Templates   Photos   Fonts   Text Effects   Backg

...ding collections to boost your ideas

...e Freepik's trendiest collections and find the perfect visual.

Explore co...

❷ 다음은 **Contributor** 계정을 만듭니다. 홈페이지 우상단에 있는 **Sell content** [셀 콘텐트] 메뉴를 클릭하여 들어갑니다. 이후에는 단계적으로 간단한 확인 사항을 체크해 나가면 됩니다. (영문으로 되어 있지만 -**Chrome** 브라우저의 경우- 마우스 우클릭하여 페이지를 '한국어로 번역'하여 진행하면 됩니다.)

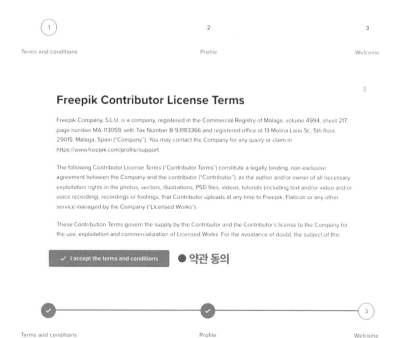

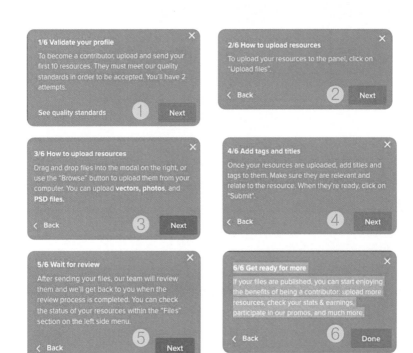

1/6 프로필 확인
기여자가 되려면 처음 10개의 리소스를 업로드하고 보내십시오. 승인을 받으려면 당사의 품질 기준을 충족해야 합니다. 2회 시도할 수 있습니다.

2/6 리소스 업로드 방법
리소스를 패널에 업로드하려면 '파일 업로드'를 클릭하십시오.

3/6 리소스 업로드 방법
파일을 오른쪽 창으로 끌어다 놓거나 '찾아보기' 버튼을 사용하여 컴퓨터에서 파일을 업로드하십시오. 벡터, 사진, **PSD** 파일을 업로드할 수 있습니다.

4/6 태그 및 제목 추가

리소스가 업로드되면 제목과 태그를 추가합니다. 리소스와 관련이 있는지 확인하십시오. 준비가 되면 **Submit** [서브밋] (제출)을 클릭하십시오.

5/6 검토 대기

'파일을 보내면 저희 팀에서 검토하고 검토 프로세스가 완료되면 연락드리겠습니다.'라는 문구가 나옵니다. 왼쪽 메뉴의 **Files** [파일] 섹션에서 리소스의 상태를 확인할 수 있습니다.

6/6 더 많은 것을 준비하세요

파일이 게시되면 더 많은 리소스를 업로드하고, 통계 및 수입을 확인하고, 프로모션에 참여하는 등 기여자가 되는 이점을 누릴 수 있습니다.

❸ 등록을 마치면 '벡터, 일러스트레이션, 사진 또는 **PSD** 파일'을 업로드할 수 있습니다만, 우리는 '사진' (**Jpg**) 이미지를 업로드하면 됩니다. 최초 10개의 리소스를 업로드하고 보냅니다. 그러면 **Freepik** 담당팀에서 유효성을 검토하고, 품질 기준을 충족하는지 확인합니다. 이때 규정을 충족하지 못하는 이미지는 **Rejection** [리젝션] (반려) 처리되고 나머지는 **Published** [퍼블리시드] (승인)됩니다. (상세내용은 나의 **Dashboard** [대시보드]에서 확인할 수 있습니다.) 파일 적합성 심사 프로세스는 기본적으로 영업일 기준 최소 20일 (주말 제외)로 되어 있지만 비교적 빠르게 1주일 만에 승인 되기도 합니다.)

업로드 사진 중요 요건

1) 파일 형식: **JPEG**   2) 색상 모드: **RGB**
3) 색상 프로파일: **sRGB, Adobe RGB, Prophoto RGB, P3**
4) 크기: **0.5MB** 이상
5) 크기: 모든 측면에서 **2.000~10.000px**

🖼 사진
- JPG 파일만 0.5MB 이상, 최대 80MB
- 이미지 모든 면에서는 2000px에서 10000px 사이여야 합니다.
- 색감: sRGB, Adobe RGB, Prophoto RGB 또는 P3

끌어서 놓기
또는 **찾아보기**

❹ 승인이 되면 **Contributor**가 되었음을 알리는 축하 메일을 받게 되며, 이후 10장 단위로 업로드가 가능해집니다. 우상단 본인 아이콘 아래 **Contributor**의 레벨이 표시됩니다.

● **Contributor** 레벨 1 :
새로운 기여자는 10개의 그래픽 리소스를 업로드해야 합니다. 계정에 총 20개의 이미지가 게시될 때까지 **Contributor** 계정은 레벨 1입니다.

● **Contributor** 레벨 2 :
500개 파일을 업로드할 때까지의 레벨입니다.

● **Contributor** 레벨 3 :
대량 업로드가 가능한 최상위 레벨입니다. **FTP** 업로드 방법을 통하여 대량 (3000개)의 파일을 동시에 업로드할 수 있습니다.

❺ 승인이 되면 **Contributor**로서 활동을 시작하고 수익을 창출할 수 있게 됩니다. **Freepik Contributor**는 다운로드 수에 따라 인세가 지급됩니다. 따라서 다운로드 수가 많을수록 더 많은 수익을 창출할 수 있습니다.
(**Freepik**에서는 구독자의 다운로드당 보상을 계산하는 공식을 별도로 제공합니다.)
(보도에 따르면 **Freepik**의 컨트리뷰터 **Kirsty Pargeter**는 **Freepik**의 컨트리뷰터가 된 지 2개월 만에 $5,400 이상의 수익을 달성했다고 합니다.)

❻ 다음은 우리가 **Freepik**으로부터 정산 받는 인세/저작권료를 지급받게 될 계좌정보(청구정보) 등록입니다. 개인 ID 번호/VAT 번호 필드에 '여권'에 있는 정보로 등록하면 됩니다. 결제 방법은 **Paypal** 또는 **Payoneer** 중에서 선택할 수 있습니다. (**Paypal** 계정은 홈피에서 한글로 만들 수 있습니다.) 청구 정보가 저장되면 사이트에서 내 문서 섹션으로 이동하여 필요한 **ID** 문서(**ID** 카드, 여권 또는 국제운전면허증)를 업로드해야 합니다. 모든 세부 정보는 정확하게 기록되어야 합니다. (참고적으로 **Freepik**은 스페인 국적의 회사입니다.)

Personal information

I am a company. More info

*Full Name		*ID Number

*Address		Phone Number

*Postal Code	*City	*Country

Important info: This information will be used to establish the collaboration agreement as well as for the invoices of any earnings.

Billing information

*Payment method		*Account Email
Paypal	Need a Paypal account?	

Save changes

❼ 거주 증명서 업로드 방법 :

세금 거주 증명서를 작업 패널에 업로드하려면, '거주자증명서'를 국세청홈택스 홈페이지에서 인터넷으로 신청하고, 발급받아서 제출하면 됩니다. 한글 영문 병기 버전으로 출력하면 됩니다. 증명서를 **Upload your Residence certif- icate**에 업로드 하면 됩니다.

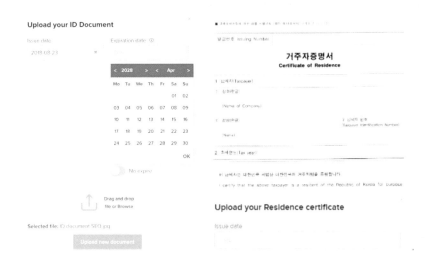

❽ 개인 신원 증명서 업로드 방법 :

Freepik은 모든 기여자의 신분증을 검토합니다. 신분증 확인 프로세스를 통해 **Contributor**의 지적 재산권을 보호하고, 사기성 저작권 주장 문제를 예방하기 위함입니다. 우리의 경우는 국제여행에 유효한 여권을 등록하면 됩니다. (**Freepik** 계정에 표시되는 전체 이름을 표시합니다. - 결제 정보와 동일해야 합니다.) 생년월일과 문서 만료일을 표시하고, (**ID** 문서는 만료 날짜 없음으로 합니다.) **JPEG** 또는 **PNG** 형식이어야 합니다.

Hi, user24782552

Congrats! Your resources have been published. Millions of users worldwide can now access your amazing content and download it.

Your resources appear on your **Freepik profile**. To check the stats and other relevant information, **access the panel.**

Uploading content frequently increases the visibility of your profile. Keep creating and uploading new resources, we'll be waiting for them!

Well done, keep it up!

Freepik Contributor Team

● 그 사이에 심사가 완료 되면 승인 축하 메일을 받게 됩니다.

a woman, portrait, illustration, painting, book-cover, cover, poster, on suit, soft light, head and shoulders, profile, detail

ADDENDIX

How to become an **expert** in
AI art from **basic** to **advanced** level

AI 아트 초보에서 수익화까지 도전!

부록. Leonardo.Ai 업데이트 소식!

"Leonardo.Ai의 새로운 뉴스를 소개합니다!
Leonardo.Ai가 진화하는 모든 순간을 함께 하세요!"

"Leonardo.Ai의 새로운 기능의 업데이트를
따라 잡는 것은 Ai 아트 크리에이터의
덕목이자 능력입니다!"

● **부록부는 Leonardo.Ai의 업데이트 기능/뉴스를 전하는 파트입니다.**

부록부에서는 **Leonardo.Ai**의 업데이트 뉴스를 최대한 빨리 소개하려고 합니다. **Leonardo.Ai**는 현재 베타 서비스 중이며, 지속적인 업데이트가 진행 중입니다. 아울러 사용자의 참여로 서비스와 기능이 매번 개선되고 있습니다. 최신 기능과 뉴스를 통해 우리들 **Ai** 아트 크리에이터가 보다 더 잘 준비될 수 있기를 바랍니다.

(업데이트 소식으로 인해 정작 본서의 출간이 지연되고 있던 중,
2023.03.19에 **Leonardo.Ai**의 유료정책이 발표되었습니다.)

'강력한 신기능 Image as Pose!'

"Image As Pose라는 강력한 신기능으로
우리들의 작품이 더욱 정교해집니다!"

● **Leonardo.Ai**의 새로운 기능인 **Image as Pose** [이미지 에즈 포우즈]가
발표 되었습니다!

이 강력하고 새로운 기능을 사용하면 우리가 원하는 포즈의 이미지를 생성할 수
있습니다. 텍스트로 일일이 설명하기 번거로웠던 부분이 한 장의 이미지 업로드
로 완벽하게 해결될 수 있게 되었습니다. 이로써 동일한 캐릭터의 여러 포즈를
일관되게 얻을 수 있게 되었습니다.

Image As Pose를 사용하는 방법은 먼저 **Ai Image Generation** 섹션을
선택합니다. > 다음 왼쪽의 세팅장 중간에 있는 **Image to Image** 버튼을 클릭
하고 아래에 있는 사각형 박스 공간에 원하는 포즈의 이미지를 드래그하여 넣습
니다. 그러면 바로 아래 **Image as Pose** 토글 버튼이 나오며 이를 클릭하면 됩
니다. 그리고 끝으로 우측의 **Generate** 버튼을 클릭하면 이미지가 생성됩니다.
(토글 버튼은 현재 사용 중인 모델이 **SD1.5**에서 훈련된 경우에만 나타납니다.)

▶▶▶ **Image to Image** 버튼 클릭
▶▶▶ 업로드 박스에 이미지
　　　드래그 앤 드롭

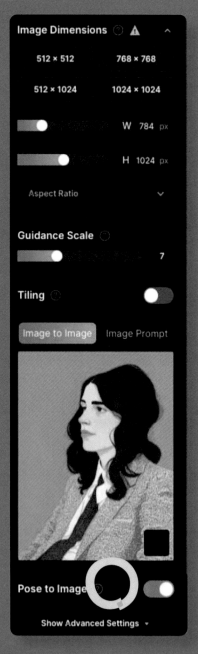

▶▶▶ 이미지 아래 Image as Pose
　　　토글 버튼 클릭

▶ ▶ ▶ **Generate** 버튼을 클릭

이 놀라운 신기능은 특별히 공식 안내 영상으로도 확인할 수 있습니다.

https://youtu.be/iDDlCtM8oeY

How to become an **expert** in
AI art from **basic** to **advanced** level
AI 아트 초보에서 수익화까지 도전! 109

'Leonardo.Ai 구독 정책 발표!'

"Leonardo.Ai 구독 정책,
우리의 사용 목적에 맞게 선택할 수 있는
리즈너블한 제안인 것 같습니다!"

● **마침내 Leonardo.Ai의 구독 플랜 발표!**

2023년 3월 말에 발표한 **Leonardo.Ai**의 유료 플랜의 중심적인 내용은 다음
과 같습니다.

● 유료 구독하려면 토큰 카운터 옆에 있는 업그레이드 버튼을 누르면 됩니다.

● 3가지 유료 구독자 등급이 있습니다. (**VAT** 별도)
- **Apprentice, Artisan, Maestro**

● **Artisan & Maestro**는 여유 있게 생성이 가능하기 때문에 무제한 생성이
가능합니다.

● 모든 유료 요금제는 프라이빗(프라이버시 보호) 생성이 가능하게 합니다.

● 요금제 간 업그레이드 기능이 곧 제공될 예정입니다.
(금번 요금제는 추후 조정될 수 있습니다.)

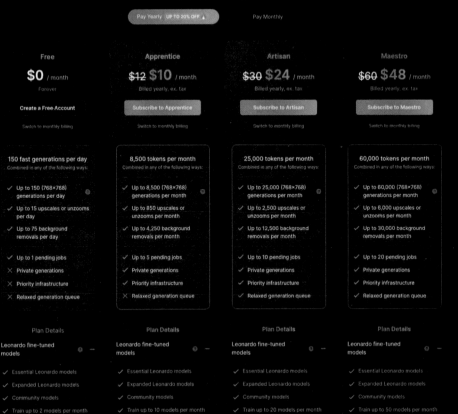

Unlock the power of Leonardo.Ai

Choose a plan tailored to your needs

Pay Yearly UP TO 20% OFF ▲   Pay Monthly

Free	Apprentice	Artisan	Maestro
$0 / month	~~$12~~ **$10** / month	~~$30~~ **$24** / month	~~$60~~ **$48** / month
Forever	Billed yearly, ex. tax	Billed yearly, ex. tax	Billed yearly, ex. tax
Create a Free Account	Subscribe to Apprentice	Subscribe to Artisan	Subscribe to Maestro
Switch to monthly billing	Switch to monthly billing	Switch to monthly billing	Switch to monthly billing

150 fast generations per day	8,500 tokens per month	25,000 tokens per month	60,000 tokens per month
Combined in any of the following ways:	Combined in any of the following ways:	Combined in any of the following ways:	Combined in any of the following ways:
✓ Up to 150 (768×768) generations per day	✓ Up to 8,500 (768×768) generations per month	✓ Up to 25,000 (768×768) generations per month	✓ Up to 60,000 (768×768) generations per month
✓ Up to 15 upscales or unzooms per day	✓ Up to 850 upscales or unzooms per month	✓ Up to 2,500 upscales or unzooms per month	✓ Up to 6,000 upscales or unzooms per month
✓ Up to 75 background removals per day	✓ Up to 4,250 background removals per month	✓ Up to 12,500 background removals per month	✓ Up to 30,000 background removals per month
✓ Up to 1 pending jobs	✓ Up to 5 pending jobs	✓ Up to 10 pending jobs	✓ Up to 20 pending jobs
✗ Private generations	✓ Private generations	✓ Private generations	✓ Private generations
✗ Priority infrastructure	✓ Priority infrastructure	✓ Priority infrastructure	✓ Priority infrastructure
✗ Relaxed generation queue	✗ Relaxed generation queue	✓ Relaxed generation queue	✓ Relaxed generation queue

Plan Details	Plan Details	Plan Details	Plan Details
Leonardo fine-tuned models —	Leonardo fine-tuned models —	Leonardo fine-tuned models —	Leonardo fine-tuned models —
✓ Essential Leonardo models	✓ Essential Leonardo models	✓ Essential Leonardo models	✓ Essential Leonardo models
✓ Expanded Leonardo models	✓ Expanded Leonardo models	✓ Expanded Leonardo models	✓ Expanded Leonardo models
✓ Community models	✓ Community models	✓ Community models	✓ Community models
✓ Train up to 2 models per month	✓ Train up to 10 models per month	✓ Train up to 20 models per month	✓ Train up to 50 models per month
✓ Retain up to 2 models	✓ Retain up to 10 models	✓ Retain up to 20 models	✓ Retain up to 50 models

● **기타 주목할 만한 변경 사항:**

● 무료 사용자는 하루에 **150개의 토큰**을 갖게 됩니다.

● 업스케일 1회는 **10개의 토큰**을 사용합니다.

● **Leonardo** 스케줄러를 사용 시 **768x768** 이미지의 비용은 **1토큰**이며, 단일 이미지 생성에 대한 최소 비용은 항상 **1토큰**입니다.

요금제와 관련해서는 궁극적으로 Ai 아트 플랫폼의 모든 서비스가 유료화를 전제로 하기 때문에 이번에 **Leonardo.Ai**의 유료 플랜은 적당히 납득할 만한 성의 있는 가격 정책을 내놓았다고 볼 수 있습니다. 우리는 우리의 필요에 맞게 선택할 수 있는 폭을 확인하였습니다. 취미로 Leonardo.Ai를 사용한다면 무료로 사용하면 될 것이고, **Ai** 아트를 만들어 수익화를 생각하는 크리에이터라면 부담 없는 최소 단위의 구독으로 시작해도 좋을 것 같습니다. 무엇보다도 유료 구독자는 프라이빗(프라이버시 보호) 생성이 가능해져서 우리의 고유한 작품을 보호할 수 있게 되었습니다. (사용 중에도 요금제는 변경이 가능합니다.)